創意小畫家系列

蠟筆

M. Àngels Comella 著

三民書局編輯部 譯

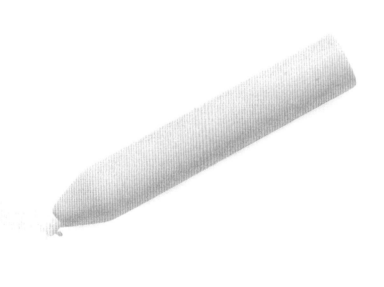

三民書局

Ⓒ 蠟　　筆

著 作 人	M. Àngels Comella
譯　　者	三民書局編輯部
發 行 人	劉振強
著作財產權人	三民書局股份有限公司
發 行 所	三民書局股份有限公司
	地址　臺北市復興北路386號
	電話　(02)25006600
	郵撥帳號　0009998-5
門 市 部	(復北店) 臺北市復興北路386號
	(重南店) 臺北市重慶南路一段61號
出版日期	二版一刷　2018年2月
編　　號	S 940670

行政院新聞局登記證局版臺業字第○二○○號

有著作權‧不准侵害

ISBN　978-957-14-6454-1　　（平裝）

http://www.sanmin.com.tw　三民網路書店

Original Spanish title: Ceras
Original Edition © PARRAMON EDICIONES, S.A. Barcelona, España
World rights reserved
© Copyright of this edition: SAN MIN BOOK CO., LTD. Taipei, Taiwan

既富有感情又生動活潑的色彩

蠟筆，是一種把色料和蠟結合起來製成的顏料。蠟筆的色彩充滿了豐富的生命力，它能夠厚實地覆蓋在許多不同畫材的表面上：從一般最普通的紙，到表面粗糙的 * 砂紙；甚至是衣服或是軟木墊等等。由這許多無數的實際應用當中，我們可以獲得各種令人驚奇的效果喔！

我們如果把蠟筆的色彩互相混合，結果會出現其它更多采多姿的顏色喲！蠟筆的使用非常方便，由於蠟是它的基本成分，畫出來的效果自然呈現出富麗的美感；也因為這項特點，使得蠟筆可以輕易地用手指頭暈開來，創造出另外一種畫畫的技巧 *。

用蠟筆來畫畫既輕鬆又簡單，我們可以把蠟筆和各式各樣的材料結合起來，化為我們創作的素材喲！

讓我們一起用蠟筆來創作吧！你會愛上它的喔！

蠟筆可以創造出各式各樣的效果喔！●●●●●●●●●●●●●●●●

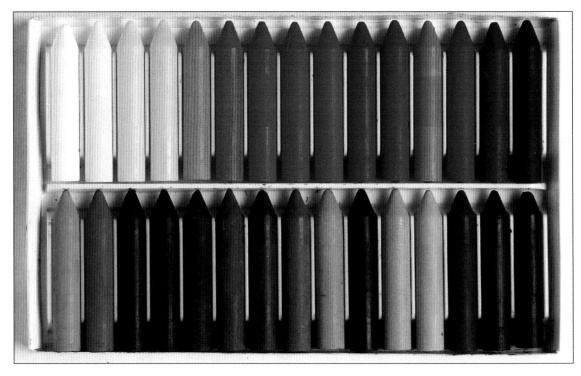

如何使用蠟筆呢？

● 我們可以用
蠟筆的筆尖
畫一條線。

● 用力壓。

● 或是
輕輕地壓。

● 我們也可以
用蠟筆的側
邊來畫。

我們也可以：

● 一起使用兩種
不同的顏色。

● 或是輕輕地塗。
如此，便可以看
到下面的顏色。

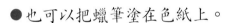

● 也可以把蠟筆塗在色紙上。

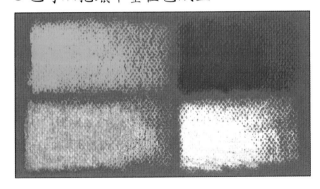

● 用手指頭同時
塗抹幾個顏色。

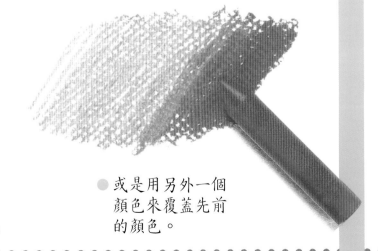

● 或是用另外一個
顏色來覆蓋先前
的顏色。

有星號 * 的字詞在第 32 頁中有說明喔！

用蠟筆塗過不同的表面，便會產生不同的紋路喲！

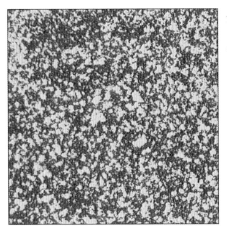

試試看在砂紙上使用蠟筆。

當我們擦印 * 葉子的時候，把一張薄紙放在葉子上面，然後用蠟筆輕輕地塗過。

我們可以用蠟筆塗在凹凸不平的厚紙上。

或是布料上。

用蠟筆塗過軟木墊，會產生很有趣的紋路喔！

或者我們可以在鋁箔紙上放一張薄紙試試看。

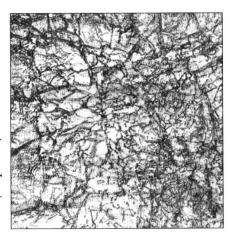

我們可以用刮去一層蠟筆的方法，做出各種不同的圖案。先在
紙上塗上厚厚的一層蠟筆，然後用牙籤、筆蓋或是畫筆木頭的
一端來刮出圖形。

刮出一些線條。

塗兩層
不同顏色
的蠟筆，
然後刮掉上
層的蠟筆，讓下層
蠟筆的顏色露出來。

我們可以用廣告顏料來覆蓋蠟筆。● ● ● ● ● ● ● ● ● ● ● ● ● ● ● ● ●

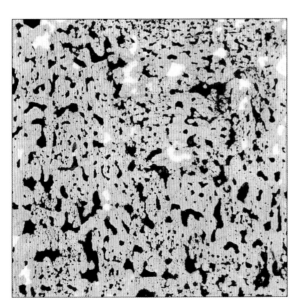

要塗好幾次廣告顏料才能把蠟筆覆蓋
住。記得等前一次的顏料乾了，再塗
上一層新的。

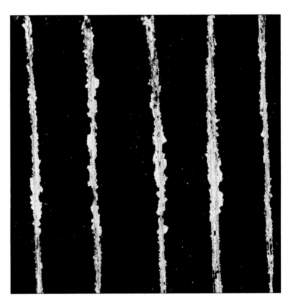

等蠟筆完全被廣告顏料覆蓋住以後，
我們便可以刮去一些顏料了。

蠟筆並不吸收顏料，所以顏料很難覆蓋住蠟筆；可是也因為這樣，我們可以創造出一些有趣的效果喔！現在，就讓我們一起來試試看吧！在四張不同的紙上用蠟筆畫出一樣的圖案。

第一個圖案，我們用浮水染料塗過。

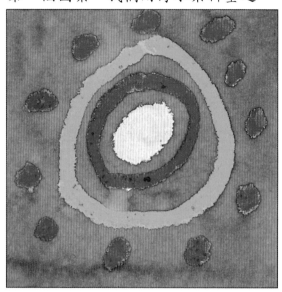

第二個圖案用廣告顏料。

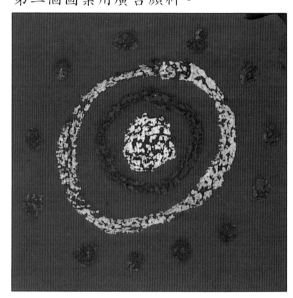

請大人用布料的染料來幫你塗這第三個圖案。

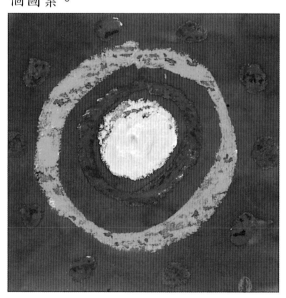

第四個圖案用水彩來塗。

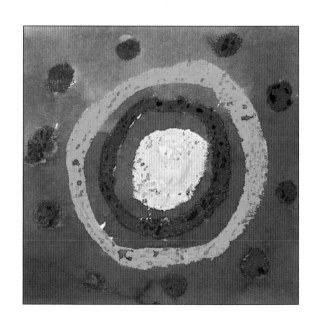

想發明新的技巧嗎？那麼就用蠟筆畫出你自己的想法來。

在這裡有一些提示，或許可以幫助你開始喔！

把蠟筆塗在粗糙的紙上，然後再用水彩塗過。

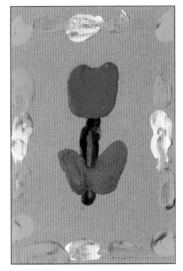

幾滴用蠟燭融化*的蠟筆，也可以做出一幅圖畫喔！

在塗好的一層蠟上刮出圖案以後，塗上顏料再刮一次。

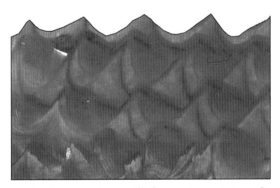

我們也可以把蠟筆畫，放在陽光底下，或是發熱的東西上面加熱。

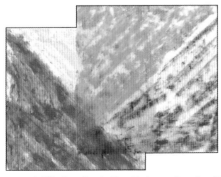

用蠟筆在透明的壓克力板上畫畫。

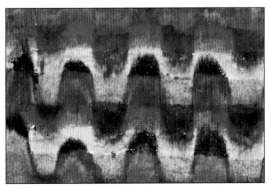

用手指頭來擦蠟筆畫出的圖形。

試試看這十種不同的技巧吧!

從第 12 頁到第 31 頁,我們會一步步地來解說這些技巧。

朦朧的……
被酒精融化的蠟筆

多采多姿的……
色紙上的蠟筆

凹凸不平的……
粗紙上的蠟筆畫

畫出輪廓的……
亮光紙上的蠟筆畫

皺皺的……
棉紙上的蠟筆畫

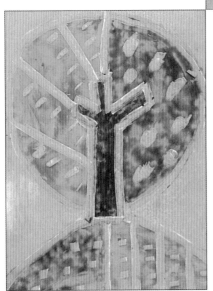

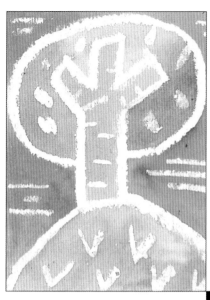

細部清楚的……
被刮掉的蠟筆

◆
完整的……
蠟筆和水彩

●
厚重的……
布料上的蠟筆畫

◢
充滿斑點的……
蠟筆和水性染料

⊖
生動有力的……
刮去蠟筆上的
廣告顏料

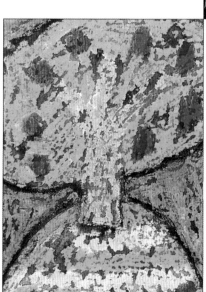

當然囉！
還有許多種
不一樣的方法喔！

讓我們一起利用這裡
的範例，把這些樹木
一棵棵地畫出來吧！

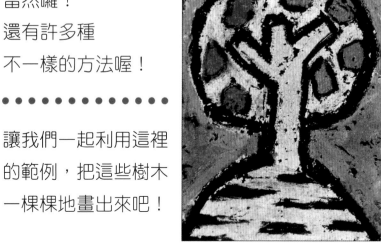

在色紙上混合不同顏色的蠟筆，會產生非常特別的效果喔！
試試看哪些顏色看起來比較明顯？哪些顏色會有些透明呢？

1 在橘色的紙上，房子的黃色幾乎看不到，可是藍色卻非常明顯喲！

2 在綠色的紙上，房子的黃色看起來也是綠色的。

3 房子的黃色在藍色的紙上看起來比較明顯。

4 在暗色上塗白色蠟筆，會使暗色看起來淺一些喔！

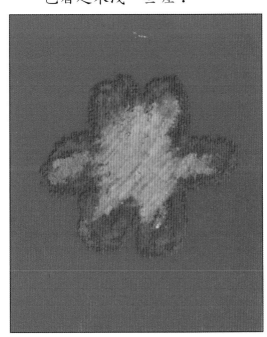

5

試試看在黑色的紙上，塗上你自己喜歡的各種顏色吧！

被酒精融化的蠟筆

蠟筆可以用酒精來融化。在這裡，你一定要請大人幫忙，
因為有些酒精是帶有毒性的喲！

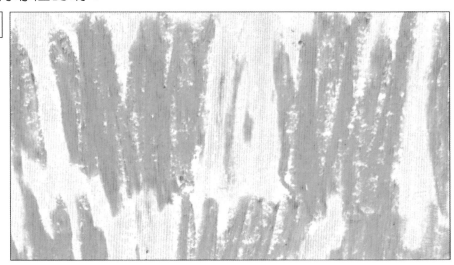

1

這裡有一個已經
用綠色和黃色蠟
筆塗好的背景。

2

用蘸了酒精的畫
筆，從上到下一
筆一筆地塗過畫
紙。再從另外一
個方向，比如從
左到右塗一次，
便會產生不同的
效果喲！

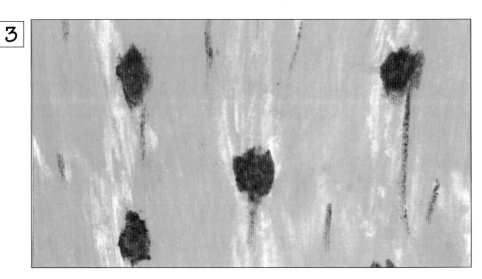

3

這裡，我們在圖
上加上幾朵紅色
的小花。

4

等圖乾了以後，我們可以加上更多的東西，然後再用酒精塗過。
我們可以一直重複這樣的步驟，直到完成整幅畫。

如果我們用蠟筆在粗紙上畫畫，紙的紋路會透過蠟筆顯露出來喔！

1
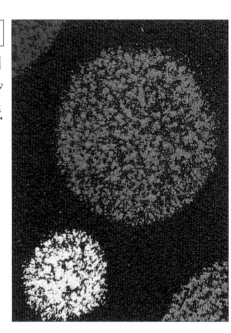

試試看用蠟筆在砂紙上畫幾個圈圈。

2
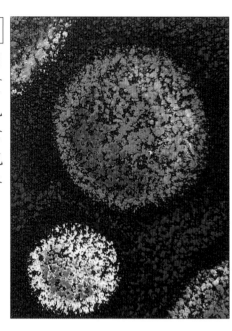

我們用蠟筆畫在暗色的背景上，把著圈圈色。

3
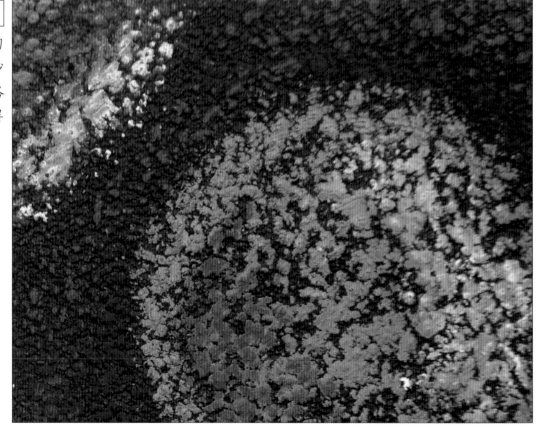

在放大的圖裡，砂紙的紋路可以看得更清楚！

4

如果我們再用蠟筆畫一些不同顏色、大小的圈圈，那麼一幅外太空的圖便完成了耶！

如果我們把水彩塗在一個用蠟筆畫的圖形上，
顏料只會附著在紙上沒有蠟筆的地方。

1

先用蠟筆
畫出一些
樹葉。

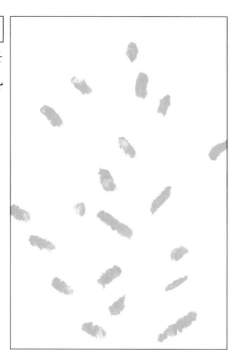

2

再用綠
色的水
彩沿著
葉子，
把樹木
的形狀
畫出。
注意！
葉子不
要被顏
料遮蓋
住了。

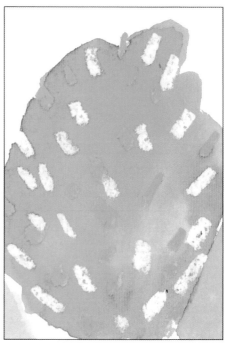

3

在用水彩
著色前，
先用白色
的蠟筆塗
過。

4

我們可以用許多
不同顏色的蠟筆
和水彩創造出一
幅畫來!如果不希
望水彩的顏色混
在一起,那就要等
前一個顏色乾了
以後,再畫下一個
顏色。

如果我們在紙上厚厚地塗上兩層不同顏色的蠟筆，
便可以刮去上層的蠟筆，讓下面的顏色露出來。

使用幾個明亮的
顏色來做底層。

用黑色的蠟筆把
底層蠟筆的顏色
完全覆蓋起來。
可能需要塗上二
到三層喔！

再用牙籤、筆蓋
或畫筆木頭的一
端來刮出圖案。
當一刮過去的時
候，一些意想不
到的顏色也就出
現了。

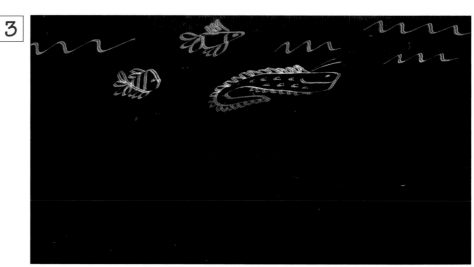

4

如果我們不小心畫錯了，沒關係，
用黑色的蠟筆塗在畫錯的地方，然後再來一次。

我們在這裡畫了一個海洋，裡頭有各種色彩的魚兒喲！

布可以是一個特別的畫畫表面喲！

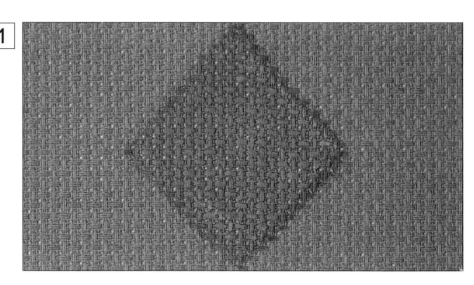

我們在一塊綠色的布上畫紫色的方形。

然後，加上不同顏色的方形和三角形，來構成這幅畫。

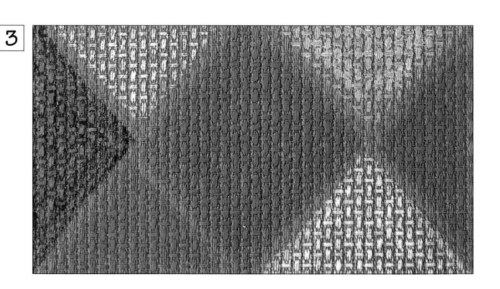

為了使這些形狀有清楚的輪廓，我們用小號的畫筆蘸酒精，沿著這些方形和三角形的邊緣描過。

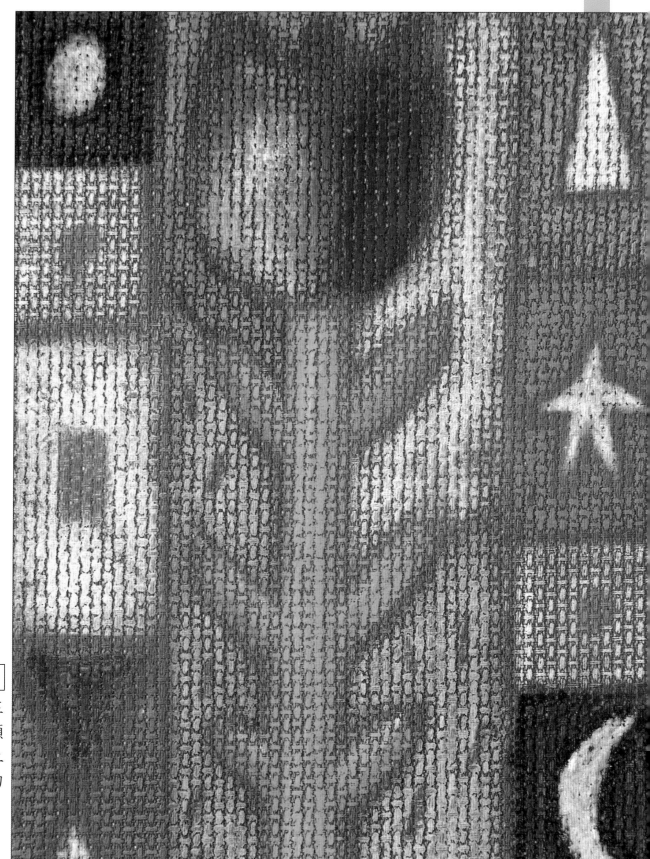

4

試試看在
不同種類
的布料上
畫其它的
圖形吧！

塗上了一層蠟的亮光紙，是用來刮出不同圖案最棒的表面喔！

1 在亮光紙上塗一層蠟筆，然後試試看用不同的東西，比如牙籤和刮刀，刮出粗粗細細的線條。

2 用蠟筆畫一個黃色的方塊，在它的旁邊再畫一個藍色的方塊，然後在上面刮出一些小圓點和線條。

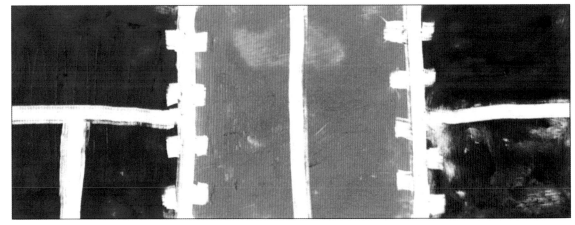

3 我們可以在圖裡加上更多的彩色方塊，並且畫上線條，把不同的彩色方塊區分開來。

4

我們用這個技巧來創造一個小鎮。
你也可以用自己的點子來試試看喲！

如果畫的輪廓被弄髒了，用一塊棉布蘸點酒精便可以擦乾淨。

如果我們用蠟筆輕輕地塗過皺皺的棉紙，便可以創造出很特別的紋路喔！

1 我們需要一張紙板來做襯底和幾張不同顏色的棉紙。

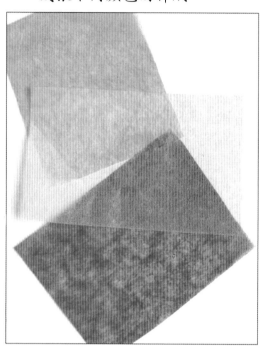

2 我們把棉紙弄皺了再攤平。把弄皺的棉紙黏到紙板上。

3 等紙乾了，用不同顏色的蠟筆塗過棉紙表面，棉紙皺皺的紋路便顯露出來了。

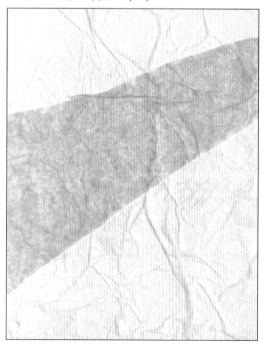

4 從其它的棉紙上剪下不同的形狀，然後黏到紙板上來構成這幅圖。

5

我們用這個技巧，創造了一幅有紋路的風景畫耶！

當蠟筆和水性染料一起使用的時候，一些令人驚奇的效果和顏色便出現了。

1 先用蠟筆塗在紙上做背景，但是不要塗得太密喲！

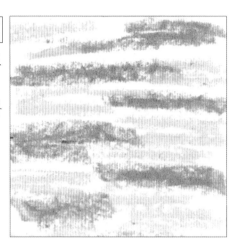

2 然後用水性染料塗過畫紙。

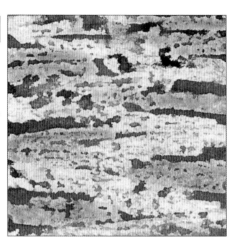

我們可以剪出一個：

3 我們可以重複1和2的步驟，來做出更多的色塊。再把這些色塊剪成不同的形狀。

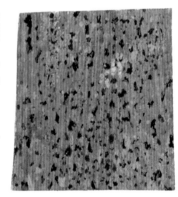

綠色的森林

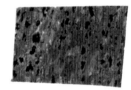

藍色的天空

圓圈可以當作月亮

或是行星

或是三角形的火焰

長而彎曲的部分可以當作蛇

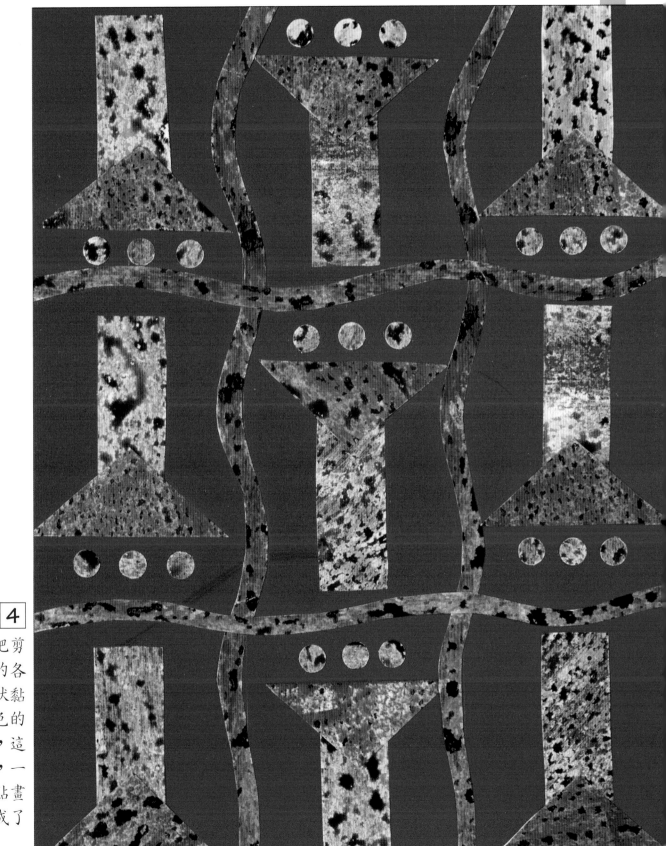

4

我們把剪下來的各種形狀黏在紅色的紙上，這樣子，一幅拼貼畫就完成了喲！

我們可以用廣告顏料來覆蓋蠟筆，然後再刮出我們設計的圖形。

1 我們把背景塗上綠色和藍色的蠟筆。

2 然後用濃濃的黑色廣告顏料來覆蓋背景。

3 最後刮去顏料，只留下蝴蝶的輪廓。

4 為了使蝴蝶更明顯，我們在蝴蝶的身體塗上白色的廣告顏料。

5
完成以後的畫，看起來會有些老舊的感覺喔！

詞彙說明

粗糙的：表面有皺紋，凹凸不平的。

技巧：製作一種東西的方法。

紋路：一種物體表面看起來或摸起來的感覺，可以是有皺紋的、平滑的或粗糙的等等。

擦印：在某種東西的表面上塗擦一些圖案。

融化：使溶解成為液體的狀態。